Recueil

d'Imaginarium

---

Recueil de poèmes & peintures

- Tome 1 - 2017 -

Poèmes originaux écrits par Nicolas Roux entre 2013 ct 2016
Photographies de tableaux originaux réalisés par Nicolas Roux

------- ------- -------

Recueil entièrement rédigé, conçu, réalisé
et mis en page par Nicolas Roux

- Sommaire -

Préambule

1- Le cri de tes larmes - Engrenages
2- Noirceur éclatante ~ Auprès de mon arbre
3- Toi ma muse ~ Sombre muse
4- 22h22 - 22h22
5- Vertiges - Passion
6- Chère colère ~ La colère
7- Voyage vers la Lune ~ Le voyage vers la Lune
8- Un soir de solitude ~ A toi
9- Délivrance ~ A cœur suspendu
10- Amoureux de l'ombre ~ Amoureux de l'ombre

Postface

Textes : poèmes originaux écrits par Nicolas Roux
Illustrations : photographies de tableaux originaux réalisés par Nicolas Roux
Couverture : tableau « Création » (50x60) – 4ème de couverture : tableau « (R)Allumeur des toiles » (100x73)
Mise en page : Nicolas Roux

Éditeur : BoD – Books on Demand,
12/14 rond point des Champs-Élysées, 75008 Paris
Impression : BoD – Books on Demand, Allemagne

ISBN : 9782322137954

Dépot Légal : janvier 2017

~

Préambule

~

S'il fallait que je me définisse artistiquement en quatre mots ce serait sans doute : « artiste » – « peintre » - « poète » - « autodidacte ».

- « Artiste » :

L'Art tient une place importante dans ma vie. Je sens en moi comme un instinct de tout analyser, d'observer continuellement ce qui m'entoure, de chercher le beau, l'incroyable, l'émouvant, le singulier, la complémentarité, la complexité. Tout décortiquer pour comprendre, ou juste m'ébahir de ce que je perçois. Ce sentiment, ce réflexe, je le retrouve pour tous les arts : dessin, peinture, sculpture, musique, poésie, cinéma, écriture, photo, théâtre, danse... un besoin perpétuel de regarder, de puiser à l'intérieur, de s'immerger et de chercher à percevoir avec les yeux et le cœur autant qu'avec la raison et les sens.

Avec cette même énergie, je ressens violemment ce besoin de créer, d'inventer, d'imaginer...de produire quelque chose de personnel, d'intime, qui m'est propre, de retranscrire artistiquement ce que je suis, ce que je perçois, ce que j'imagine et ce que je ressens...

- « Peintre » :

Je dessine depuis toujours, trouvant – dans cette période particulière de l'enfance et l'adolescence - outre le plaisir du trait, la pudeur de l'expression que l'on peut gommer, que l'on n'est pas tenu de livrer à l'autre, que l'on n'est pas contraint de justifier, un lieu où l'on peut s'évader, une bulle intime que l'on peut façonner à sa guise, un univers que l'on peut s'approprier et qui nous appartient.
Petit à petit je suis passé du dessin à la peinture. La peinture m'a ouvert de nouveaux horizons, élargissant les possibilités et m'a permis de travailler sur des supports plus vastes, avec des couleurs illimitées.

Je me suis tout de suite mis à peindre ce qui me tenait à cœur, ce qui me questionnait, les univers qui me parlaient, les idéaux qui me construisaient.

Mes créations mêlent ainsi surréalisme, onirisme et humanisme... mais toujours fortement empruntes de passion et d'émotion.

Mes peintures sont toutes très personnelles, très intimes, nourries de philosophie, de rêves, de sentiments, de mélancolie et d'espoir...
Toutes mes peintures sont faites avec le cœur et les tripes, elles sont nées d'un besoin d'expression et d'extériorisation de ce que j'ai de plus profond en moi...

D'un point de vue technique, mes tableaux sont réalisés à l'acrylique sur toiles, dans des formats divers allant de 50cm x 70cm à 160cm x 120cm.

- « Poète » :

Amoureux des mots depuis l'adolescence, j'ai très tôt trouvé dans l'écriture une sorte d'exutoire, un refuge, une manière de panser mes maux...
J'ai ensuite arrêté d'écrire, par manque de temps, par manque de confiance, par manque de besoin aussi...

Mais soudain, la vie m'a redonné le besoin d'écrire, de déposer des mots pour chasser mes blessures... l'écriture pour sécher mes larmes, des phrases sur mon vacarme, des mots sur mes maux...
L'écriture est ainsi réapparue dans ma vie. Le goût d'écrire est revenu.

C'est ainsi que je me suis lancé dans la création de poèmes, intimes et personnels, mais pleins d'émotions universelles... En premier lieu pour panser mes fêlures, en second pour partager des émotions, faire danser les mots sur des sentiments, pour échanger et communiquer de cœur à cœur.
Toujours par cc mêmc instinct dc création, dc jcu – non plus avec les formes et les couleurs, mais avec les mots et les sons – autours des sentiments, des émotions, et toujours avec ce même besoin d'expression et de production personnelle... je me suis mis à écrire des textes, des poèmes intimes, écrits avec cœur et passion...

Puis ces poèmes sont entrés naturellement en résonance avec certains tableaux, et inversement, pour s'intercompléter, pour s'éclairer mutuellement d'une nouvelle lumière, se refléter pour se donner comme une nouvelle vie, s'offrir une plus grande richesse... et pleinement s'épanouir...

- « Autodidacte » :

Je suis entièrement autodidacte. Au vu de la barrière financière que sous-entend un apprentissage artistique quelconque, j'ai fini par en faire mon parti et me convaincre de préférer finalement avancer lentement en expérimentant, en forgeant mon propre chemin, en tâtonnant, en trébuchant, en recherchant à m'améliorer, en essayant de faire de mon mieux pour transposer ce que je suis et ce que je veux, à ma manière, avec mes défauts et mes lacunes, me battre contre moi-même pour retranscrire au mieux les émotions et les sentiments qui m'animent...

Je livre ici mes poèmes et quelques tableaux dans le but de partager mes créations, mes passions, mes sentiments... et de provoquer chez vous des émotions profondes. Je vous laisse donc des portes entre-ouvertes sur mon « imaginarium » que vous pouvez explorer à votre guise avec votre propre imagination, vos propres ressentis, votre propre vécu, vos intimes sentiments, en espérant vous faire vivre des émotions intenses.

Mes créations vivent par la multitude des regards, des compréhensions et des émotions que vous pourrez leur offrir.
C'est pour les faire vivre que j'ose les partager ainsi...

J'espère que vous trouverez de quoi voyager, explorer vos sens et ressentir une multitude d'émotions au travers de ces quelques mots et tableaux.
...chaque toile, chaque poème est une partie de moi...

Merci à vous, du temps que vous prendrez et de l'attention que vous porterez, à regarder et lire ce que je vous propose ici..."

- Nicolas Roux -

Poèmes

&

Peintures

–

- Tome 1 – 2017 -

Le cri de tes larmes

Un soleil aride qui assèche tes fêlures
des brûlures avides de tes larmes perdues
tu arbores un masque obscure qui dissimule tes blessures
déjà tant de tortures pour un être aussi pur

Tu te caches dans l'ombre, et pourtant si courageux
plus une goutte ne tombe de ce ciel orageux
comme si ce feu rendu jaloux par ce triste temps pluvieux
ne cessait d'attiser les flammes dans tes yeux

Les paupières lourdes sur ce monde insensé
transpercent ton armure espérant te voir sombrer
un parasol de verre surplombant l'horizon
protège ces deux sphères plongées dans le tréfonds

Au fin fond du néant, ton corps devient si pesant
l'air est sec et menaçant, la peur te glace le sang
perdu dans ces grandes plaines, un sentiment d'irréel
désespéré, l'âme en peine, tu cherches l'étincelle

Contre ces lésions sans réponses, sans causes, mais incidences
qui comme par coïncidence t'assènent leurs violences
des souffrances intimes persistent avec insistance
elles t'obligent à te défendre, à plaider non-assistance

A personne en danger, apeuré, et enragé
obligé de te relever, faire face à l'atrocité
contre toi-même engagé à ne jamais lâcher
guidé par la volonté de rester déterminé

A garder ce souffle de vie, d'envie et d'énergie
qui sévit dans tes tripes, t'agrippe, et t'extirpe
de ce terrible incendie qui fait briller dans tes nuits
la rage des cœurs assombris, la force des écorchés vifs

Alors tu hurles sur tes maux, affrontes cette sentence
tu craches sur la cause et combats ses conséquences

J'entends le cri de tes larmes
l'angoisse de ce noir désert
je t'aide à prendre les armes
et je te dédie ces vers…

...Engrenages...
(100x80)

Noirceur éclatante

La reine lune est pleine dans ce désert noir
elle baigne ma peine du haut de son perchoir
de sa lueur blême qui fait pâlir l'espoir
et griffe mon cœur telle une lame de rasoir

Je traîne ma dégaine à la recherche d'une étoile
qui me guide et m'amène à sortir de cette toile
sur ce navire amer j'aimerais prendre les voiles
mais se déchaîne la mer et je sombre sans voix

Je marche sur ma vie, le cœur vide, aux aboies
en cette ruelle sordide mon corps livide se noie
les profondeurs des abîmes bercent mon émoi
je tangue, je vacille, je me perds sur cette voie

Et moi qui bois à l'envie cette détresse enfouie
ces effluves opalines de mon âme assombrie
tout mon être s'imbibe de ces flux de la nuit
mais quand la noirceur s'exprime, la rage m'envahit

Elle prend le contrôle de mes tripes, contre mon esprit
je m'agrippe à cette pulsion qui fait bouillir l'envie
je m'accroche et j'harponne cet instinct de survie
et me débat ardemment pour saisir l'harmonie

Car j'aime tellement la vie, ses sentiments ardents
ces désirs insoumis à la charge du temps
j'me nourris d'utopie et de passion brûlante
de rêves exquis et d'amour enivrant

Alors je lutterai sans cesse, même contre moi-même
pour sentir l'allégresse dont notre Amour est l'emblème
et même si je me blesse, je resterai indemne
tant que la vie me laisse pouvoir te dire « *je t'aime* »...

...Auprès de mon arbre...
(50x60)

Toi, ma muse...

Ho muse de mes nuits qui hante ma survie
tu vagabondes sans bruit dans les sillons de mon esprit
je me sens asservi à cette douce folie
qui tendrement me saisit et prend mon âme ravie

Ho muse de ma vie, de mes jours ensoleillés
je me battrai, promis, pour vivre à tes côtés
j'ai du loup l'appétit quand il s'agit d'aimer
j'ai la peur dans l'oubli et les crocs acérés

Ho muse de mon âme, éclatante de beauté
ravissante flamme aux essences envenimées
j'ai brûlé mes larmes, si sombres et torturées
évaporé mes drames dans tes effluves enivrées

Ho muse de mon corps, sensuelle chimère
tu conjures le sort des blessures de ma chair
ces cicatrices en essor, colonies au goût amer
deviennent presque indolores quand ton souffle s'y perd

Ho muse de mon cœur, remplis mes veines de passion
tu apaises mes douleurs, par tes suaves oraisons
tu parsèmes de couleurs mes tristes créations
et fais battre mes heures au diapason d'émotions

Oh toi ma muse, toi ma belle
tendre ingénue, douce espiègle
par ces mots nus sans appel
d'amour et sans ruse, je t'appelle...

...Sombre muse...
(90x70)

où l'âme torturée sombre dans ces vagues de tourmentes
dans mes yeux gris abondent des perles larmoyantes
et tout mon corps s'inonde de signaux alarmants

La trotteuse figée sous le poids de sa grande sœur
j 'reste immobilisé, perdu dans la noirceur
telle une proie aveuglée par cette troublante lueur
submergé en apnée, je succombe sans peur

Mon instinct s'ébranle croulant sous les doutes
je me bats contre le temps dans ce combat de joute
avec la boule au ventre et le dos qui se voûte
et de tristes sentiments baignants mon cœur en déroute

Radeau à la dérive voguant dans le vacarme
mon corps plein de stigmates se vide de ses larmes
l'esprit peint d'un noir mat, comme asservi aux charmes
des sirènes de la rive des écorchés aux drames

Il est 22h22 passé d'une minute
quand sonne l'heure des adieux à cette souffrance occulte
je retrouve insoucieux mes esprits et mon but
et repars courageux à l'assaut de nouvelles luttes...

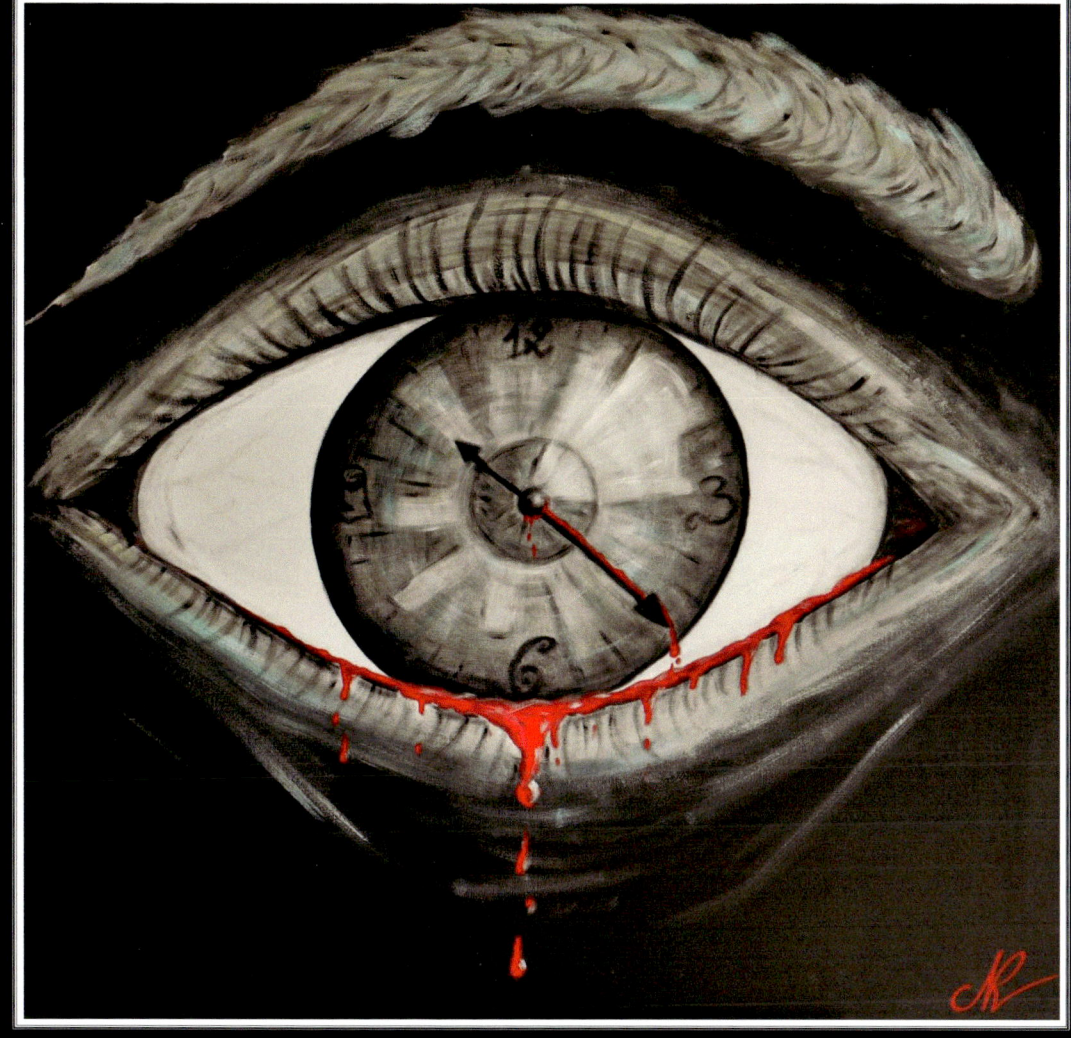

...22h22...
(100x100)

Vertiges

J'ai le cœur à l'envers, la tête dans les étoiles
mes deux pieds n'touchent plus terre, je ne tiens même plus droit
depuis qu' t'as effleuré ma vie, que tu as éclipsé mes nuits
sous ton soleil s'irradient d'intenses pulsions de vie

Je marche sur la crête des sentiments passionnés
au sommet, sur cette arête, le vertige à mes côtés
il ne faut pas que je m'arrête, sous peine de voltiger
alors je garde bien en tête mon désir de m'envoler

Vers ces émotions ardentes qui consument mes pleurs
qui nourrissent les amants de troublantes ferveurs
font vibrer les cœurs aimants à des rythmes ravageurs
et distillent en mon ventre cette douce chaleur

Je t'aime à en sourire, à en rire de mourir
à en faire souffrir de rire, mes sombres mélancolies
je veux vivre et revivre ces sentiments inouïs
qui apaisent mon esprit et font trembler la vie

Alors je f'rai juste un p'tit vœu, m'emprisonner à ton regard
pour m'évader juste un peu, de cet épais brouillard
aller! juste un p'tit feu, pour alimenter l'espoir
d'être ton amoureux, juste le temps d'une Histoire...

...*Passion*...
(170x120 sur paravent)

Chère Colère

Au plus profond de mon être, sous ma peau et dans ma chair
ton ampleur, ton caractère, nés d'un séisme en juillet
tu t'es nichée dans mes tripes, nous sommes plus qu'intrinsèques
depuis sans cesse tu m'étripes, et hurles dans ma tête

Tu te dresses et m'adresses ton regard froid et sûr
de toi je ne connais que le côté obscur
tu te nourris de mes faiblesses et de mes blessures
tu m'asservis à tes souhaits, à ta démesure

Je te suis pleinement soumis, oh toi ma belle insoumise
c'est de mes bas-fonds enfouis, qu'hâtivement tu t'es éprise
j'aime ta haine libératrice, ton exaltante frénésie
ton petit côté furie, ton outrance explosive

Tu te nourris de ces drames, ces incohérences macabres
j'ai scruté le raisonnable pour contrer cette fleur du mal
mais inutile de te combattre, tu es plus forte que mon calme
tu finis toujours par l'abattre, je dois assumer ta flamme

Qui me brûle de l'intérieur, et consume mes peurs
sait exploiter mes aigreurs, et dissiper mes pleurs
puiser dans mes rancœurs, dans les fissures de mon cœur
pour assouvir tes ardeurs, m'envahir de ta fureur

Et transformer ma peine, en une force invincible
la douleur qui me gangrène, en un sérum infaillible
pour m'éviter l'implosion, face à l'inadmissible
tu m'épaules sans conditions dans ces instants indicibles

Oh toi, ma tendre chimère, toi ma douce, toi ma chère
fruit défendu au goût amer, violente, incomprise et fière
je te dédie ces quelques vers,
chère Colère...

...Colère...
(90x70)

Voyage vers la Lune

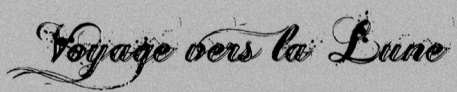

Sur le cadran défraîchi, il est déjà 24 heures une
il est temps ma chérie, avant que tout ne se consume
de profiter de la nuit, se rendre léger comme une plume
lâcher tout et puis s'enfuir, partons en voyage vers la Lune

Quand le poids de nos fardeaux, devient plus pesant qu'une enclume
que le bruit de tous nos maux, se fait plus sourd que la brume
quand le sens de tous vos mots, ne définit que l'amertume
Amour écoutons ces signaux, partons en voyage vers la Lune

Aller, hissons nos corps blafards, trop encrés dans le bitume
le courage comme étendard, l'instinct d'survie comme seule fortune
mon ange, sortons du brouillard, qui aveugle et importune
pour retrouver un peu d'espoir, partons en voyage vers la Lune

Décollons de ce sous-sol, délaissons cette béthune
les étoiles comme seule boussole, n'ayons pas peur de nos lacunes
sauvons nos rêves qui s'étiolent, sans regrets et sans rancunes
ma Muse, suivons cette luciole, partons en voyage vers la Lune...

...Le voyage vers la Lune...
(100x100)

Un soir de solitude...

Ce soir encore la rue est froide, le trottoir colle sous mes pas
de ce ciel sans étoiles, coulent des larmes d'émoi
des mois que je ne suis plus fiable, que je me perds avec effroi
des fois que ces avenues friables puissent me mener jusqu'à toi

Les lueurs des lampadaires dansent le long des pavés
mes fissures se réverbèrent contre les façades graffées
sur les boulevards déserts j'erre d'une démarche glacée
à la recherche d'une silhouette aussi sublime qu'évaporée

Je titube sur les artères de cette si sombre cité
je vacille, je vocifère, le sol se dérobe sous mes pieds
je m'enfonce six pieds sous terre, je ne peux plus avancer
il n'y a plus de lumière, je crois que le temps s'est figé

Si mon cœur devient si pâle, c'est qu'il est plein de désarroi
sentiment devenu banal, depuis que tu es loin de moi
je dois me relever de ce mal, je dois m'abriter sous un toit
sortir mon modeste attirail pour mener à bien ce combat

Alors comme chaque soir jusqu'à l'aube, je prends au creux de ma main
une plume ou un pinceau, que je trempe dans mon chagrin
pour tracer ces quelques mots, écrire ces quelques dessins
coucher sur la feuille quelques maux, imaginer une autre fin...

...À toi...
(100x80)

Délivrance

J'ai le cœur mis en cage
ma liberté qui enrage
besoin d'noircir une autre page
avant qu'mon esprit prenne le large

Dépeindre la noirceur de la misère
aller y puiser la lumière
s'agripper fort à cette artère
chercher le soleil dans l'enfer

Raviver les braises devenues rances
de ces passions et de ces transes
cracher du feu dans cette essence
m'éclabousser de rêves intenses

Forger mes larmes dans l'acier
affûter mes armes de papier
la poésie comme seule alliée
et la peinture en bouclier

Sortir du noir des profondeurs
en équilibre dans la hauteur
les émotions pour ascenseurs
brûler d'amour avec ardeur...

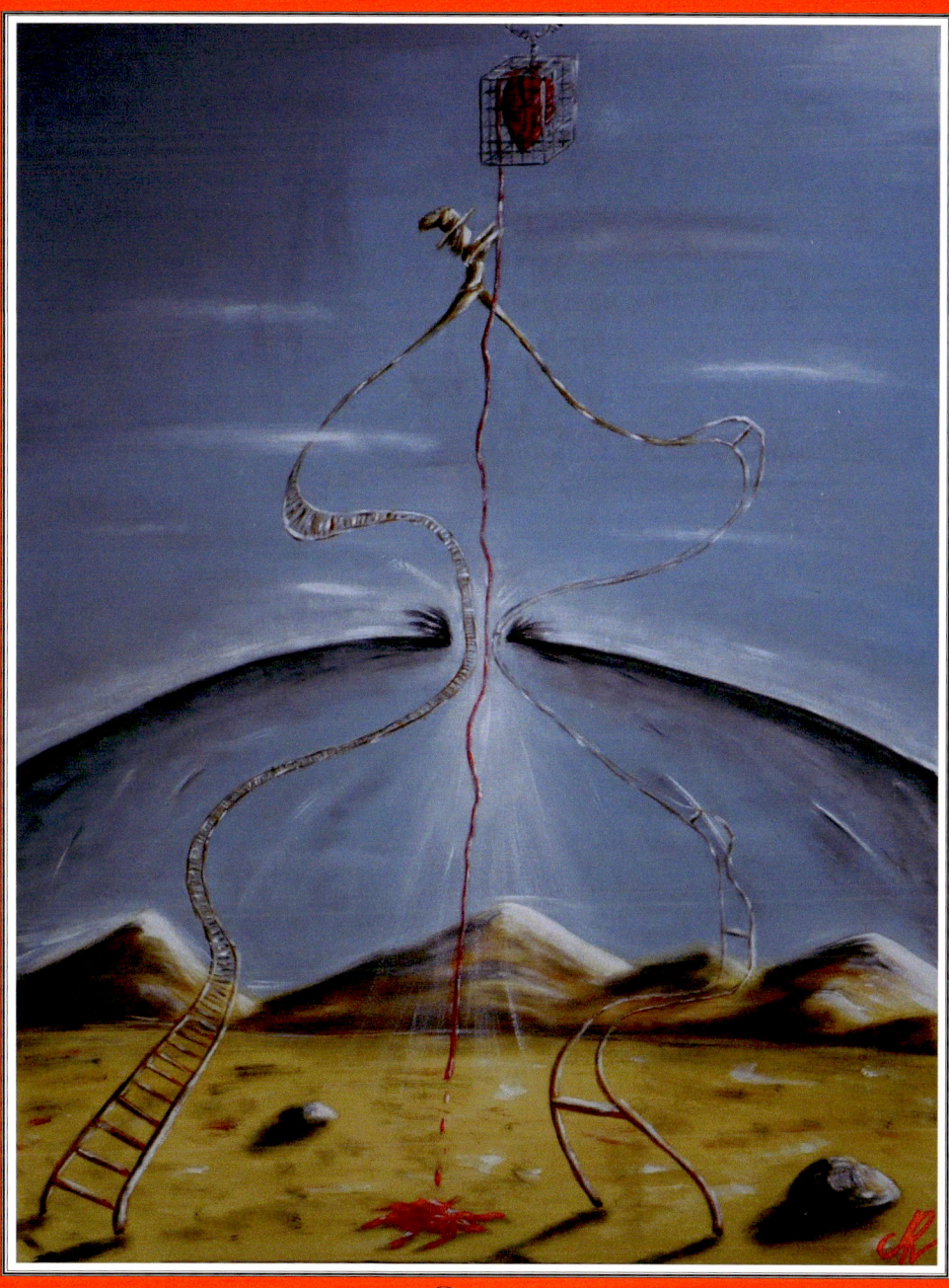

...À cœur suspendu...
(100x80)

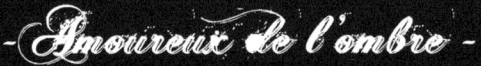
- Amoureux de l'ombre -

Ne devenir que l'ombre de moi-même
une once, une esquisse d'âme humaine
un sombre reflet que je sème
et n'sentir que l'ombre de mes peines

Muer le minimal en immense, le banal en arborescence
de la pâleur en noir intense, une ardeur en effervescence
tous les stigmates à la potence du clair-obscur de l'espérance
faire du détail une importance, embraser la flamme de l'insouciance

Ne devenir que l'ombre de toi-même
une once, une esquisse d'âme humaine
un sombre reflet que tu sèmes
et sentir toute l'ombre de tes peines

Porter le poids de tes dilemmes, combattre les dieux qui te malmènent
purger les sillons de tes haines, et tous ces maux qui te gangrènent
recueillir le parfum de tes rêves, battre le tempo dans tes veines
imaginer la douceur de tes lèvres, goûter à ton chant de sirène

Ne devenir que l'ombre de nous-même
une once, deux esquisses d'âmes humaines
un unique reflet que l'on sème
un instantané où l'on s'aime

Se jeter à l'autre à cœur perdu, en plein cœur du côté obscur
deux silhouettes, comme deux allures, unifiées contre les murs
ne plus craindre nos blessures, lavées des traces de nos ratures
radieux dans l'ombre de nos peintures, on s'aimera sans fioritures...

...Amoureux de l'ombre...
(100x80)

Postface

À ma femme, et mes enfants...

Remerciements :

Un énorme merci à ma famille et à mes proches
pour leur soutien, leurs inspirations et leur Amour.

Un immense merci à la Vie, à ses beautés et ses douleurs, ses
magnificences et ses horreurs, ses somptuosités et ses souffrances...
dans lesquelles je puise mes plus profondes inspirations.

Et un très grand merci à vous qui avez parcouru ces pages, vous qui
avez voyagé dans mon « imaginarium », vous avec qui j'ai pu partager
une part de moi-même, vous qui avez de ce fait pu faire vivre
ces humbles mots et ces modestes tableaux...

Merci.

...Autoportrait d'un chapelier...
(100x80)

Contacts:

Nicolas ROUX

---

mail: *contact.imaginarium@yahoo.fr*
Site internet officiel: *http://imaginariumenpeinture.wifeo.com*
Facebook: *https://www.facebook.com/imaginariumenpeinture*